신라는 불교의 힘을 빌려
안으로 탄탄한 기초를 다지면서
나라의 위상을 갖추어 나갔어요.
지증왕 때에 나라 이름을 '신라'로 부르고,
'왕'이라는 칭호를 처음 사용하였어요.
법흥왕 때는 불교를 국교로 승인하였어요.
신라 최대의 중흥기를 맞이한 힘은
어디에 있는지 알아볼까요?

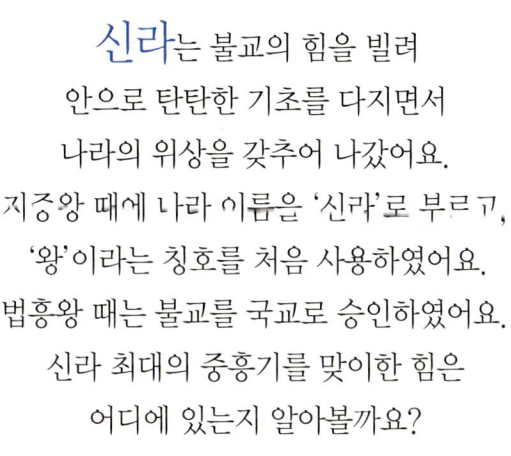

추천 감수 박현숙 (고대사)
고려대학교 사범대학 역사교육과를 졸업하고 동 대학원에서 문학박사 학위를 받았습니다. 현재 고려대학교 사범대학 역사교육과 교수로 재직 중이며, 백제 문화와 고대 인물사 등에 대한 활발한 연구를 계속하고 있습니다. 쓴 책으로 〈백제의 중앙과 지방〉, 〈한국사의 재조명〉 등이 있습니다.

추천 감수 정구복 (고려사 · 조선사)
서울대학교 사범대학 역사교육과를 졸업하고 서강대학교에서 문학박사 학위를 받았습니다. 한국학중앙연구원 한국학대학원의 교수로 재직 중이며, 한국학중앙연구원 한국학대학원 원장을 역임하였습니다. 쓴 책으로 〈한국인의 역사 의식〉, 〈역주 삼국사기〉, 〈한국 중세 사학사 1, 2〉 등이 있습니다.

추천 감수 김한종 (근현대사)
서울대학교 사범대학 역사교육과를 졸업하고 동 대학원에서 역사교육을 전공하여 문학박사 학위를 받았습니다. 현재 한국교원대학교 교수로 재직 중입니다. 쓴 책으로 〈역사 교육 과정과 교과서 연구〉, 〈역사 교육의 내용과 방법〉(공저), 〈한 · 중 · 일 3국의 근대사 인식과 역사 교육〉(공저), 〈역사 교육과 역사 인식〉(공저) 등이 있습니다.

고증 문중양 (과학사)
서울대학교 계산통계학과를 졸업하고 동 대학원에서 이학박사 학위를 받았습니다. 쓴 책으로 〈우리 역사 과학 기행〉, 〈우리의 과학문화재〉(공저), 〈세종의 국가 경영〉(공저) 등이 있습니다.

고증 정연식 (생활사 및 복식)
서울대학교 국사학과를 졸업하고 동 대학원에서 문학박사 학위를 받았습니다. 쓴 책으로 〈조선 시대 사람들은 어떻게 살았을까?〉(공저), 〈일상으로 본 조선 시대 이야기 1, 2〉 등이 있습니다.

글 박영규
1996년 밀리언셀러 〈한권으로 읽는 조선왕조실록〉을 출간한 이후 〈한권으로 읽는 고려왕조실록〉, 〈한권으로 읽는 백제왕조실록〉, 〈한권으로 읽는 신라왕조실록〉 등 '한권으로 읽는 역사 시리즈'를 펴내면서 쉽고 재미있는 역사책 읽기의 바람을 일으켰습니다. 그 외에도 〈교양으로 읽는 한국사〉 등의 많은 역사책을 썼습니다.

그림 김마늘
〈MBC 뽀뽀뽀〉 미술팀에서 배경을 그렸으며, 동아서적 미술팀에서 일했습니다. 한국출판미술협회 회원이며 1997년 출판미술대전에서 전래동화 부문 장려상을 받았습니다. 현재 프리랜서 일러스트레이터로 활동하고 있으며, 그린 책으로 〈머리가 좋아지는 동화〉, 〈뭐든지 먹어치우는 오징어〉 등이 있습니다.

이미지 제공
연합포토, 중앙포토, 국립중앙박물관, 국립부여박물관, 국립경주박물관, 국립민속박물관, 유연태(사진작가), 허용선(사진작가)

광개토 대왕 이야기 한국사 27 신라
불교를 나라의 종교로 삼다

총기획 및 발행인 박연환
발행처 (주)한국헤르만헤세
출판등록 제17-354호
연구개발원 경기도 성남시 분당구 금곡동 444-148
대표전화 (031)715-7722
팩스 (031)786-1100
본사 서울시 송파구 석촌동 7-3
대표전화 (02)470-7722
팩스 (02)470-8338
고객문의 080-715-7722
편집 임미옥, 백영민, 윤현주, 지수진, 최영란
디자인 장월영, 수문배, 김덕준, 김지은

ⓒ Korea Hermannhesse

이 책의 저작권은 (주)한국헤르만헤세에 있습니다. 본사의 동의나 허락 없이는 어떠한 방법으로도 내용이나 그림을 사용할 수 없습니다.

△ **주의** : 본 교재를 던지거나 떨어뜨리면 다칠 우려가 있으니 주의하십시오.
고온 다습한 장소나 직사광선이 닿는 장소에는 보관을 피해 주십시오.

이 책의 표지는 일반 용지보다 1.5배 이상 고가의 고급 용지인 드라이보드지를 사용해 제작하였습니다. 표지를 드라이보드지로 제작하면 습기의 영향을 덜 받기 때문에 본문 용지가 잘 울지 않고, 모양이 뒤틀리지 않아 책을 오랫동안 보존할 수 있습니다.

이 책은 기존의 석유 잉크 대신 친환경 식물성 원료인 대두유 잉크를 사용하여 인쇄하였습니다. 대두유 잉크는 선진국에서 널리 사용하고 있는 고가의 대체 잉크로, 휘발성이 적어 인쇄 상태의 보존이 용이하고, 인체에 무해할 뿐만 아니라 눈에 부담을 주지 않는 자연스러운 색을 내는 특징이 있습니다.

이야기 한국사 광개토대왕

27 ★ 신라

불교를 나라의 종교로 삼다

감수 박현숙 | 글 박영규 | 그림 김마늘

한국헤르만헤세

백제와 동맹을 맺은 소지왕

천재지변에 시달리다

479년에 자비왕이 죽자 소지왕이 왕위에 올랐어요.
소지왕은 부모를 잘 받들었을 뿐만 아니라 겸손하여
사람들로부터 성인이라고 불렸어요.
하지만 왕위에 오른 다음에는 많은 고생을 해야 했지요.
480년 봄에 심한 가뭄이 들었어요.
"궁궐과 관청에 있는 창고를 열어 가난한 백성들에게
굶주림의 고통을 덜어 주도록 하라."
이렇게 해서 가뭄으로 인한 위기를 간신히 넘긴 소지왕에게
또 다른 재앙이 닥쳤어요.
신라의 어려운 사정을 알고 북쪽의 말갈이 쳐들어온 거예요.
소지왕은 말갈과 맞서고 있는 국경 지방의 비열성까지 가서
병사들을 위로했어요.
"왕께서 우리를 격려하려고 여기까지 직접 오시니,
힘이 절로 나네."
왕이 직접 전쟁터까지 오자 병사들은 기운이 났어요.

하지만 말갈은 만만치 않았어요.
말갈은 지금의 강원도 철원인 호명성까지 내려와 성을
7개나 점령했어요. 그리고 동쪽 바닷가로 방향을 바꾸어
금성과 가까운 미질부까지 손에 넣었지요.
소지왕은 애가 탔어요.
"말갈의 힘이 생각보다 강하구려. 고구려가 말갈을 내세워
우리를 치는 것이나 다름없으니, 무슨 수가 없겠소?"
오래 고민한 끝에 한 신하가 입을 열었어요.
"고구려같이 큰 나라를 우리 혼자 감당할 수는 없습니다.
우선 백제, 가야와 손잡는 것이 어떻겠습니까?"
소지왕은 백제와 가야에 사신을 보내기로 결정했어요.
가야의 왕을 만난 사신은 넙죽 인사부터 했어요.

▲ 경상북도 고령 지산동에서 발굴된 가야의 금관

어서 피해!

"고구려는 지금 삼한을 모두 차지하려고 합니다.
머지않아 이곳 가야에도 군사들이 몰려올 것입니다.
삼한 지역에 있는 나라들이 서로 돕는다면
큰 힘을 발휘할 수 있을 것입니다."
한참 뒤, 가야 왕은 신중하게 대답했어요.
"안 그래도 고구려의 움직임을
지켜보고 있었다. 신라가 무너지면
가야 또한 전쟁터가 될 것은
불 보듯 뻔한 일이니, 이번에는 힘을
보태도록 하겠다."
예전에 신라의 도움을 받았던 백제도
군사들을 보내왔어요.
이렇게 신라, 백제, 가야 세 나라가
힘을 합쳐 말갈 군대를
가까스로 꺾을 수 있었어요.
말갈 군대는 싸움에서 지자 서둘러 돌아가려고 했어요.
하지만 삼국 연합군은 달아나는 적을 뒤쫓아 가서
1,000명이 넘는 말갈 병사의 목을 베었어요.
소지왕은 이웃 나라들의 힘을 빌려 위험한 고비를 넘겼어요.
하지만 이 싸움 이후 소지왕의 체면은 바닥에 떨어졌어요.

한 놈도 살려 보내지 마라!

신라, 백제와 혼인 관계를 맺다

백성들은 왕이 덕이 없어서 나라가 힘들다고 생각했어요.
백성들의 마음을 돌릴 길이 없자, 소지왕은 자기 대신 나랏일을
돌볼 사람을 정했어요.
"오함을 이벌찬에 임명한다. 오함은 정치와 군사를 돌보도록 하라."
소지왕이 자신의 권력을 내놓고 백성들을 돌보는 일에 힘쓰자,
백성들의 원망도 차츰 잦아들었어요.
백제와 사이가 좋아져서 서쪽 국경이 조용해지자 백성들은
빠르게 안정을 찾아갔어요.
그런데 484년 7월에 고구려군이 침입해 왔어요.
신라와 백제의 연합군은 고구려군이 쳐들어오자마자 모산성에서
크게 물리쳤어요.

소지왕은 백성들의 마음을 잘 알고 있었어요.
'지금까지 원수지간이던 백제와 가장
가까운 사이가 되는 방법은 바로 혼인이다.'
사실 신라로 사신을 보내 와 혼인으로 두 나라 사이를
단단하게 하자고 제안한 것은 백제의 동성왕이었어요.
"고구려 같은 강대국과 싸우려면 백제와 혼인 관계를
맺어 동맹을 튼튼히 하는 것도 좋은 방법일 듯합니다."
"그렇다면 우리 쪽에서 누구를 보내면 좋겠소?"
"이벌찬의 딸을 보내는 것이 좋을 듯합니다."
백제와 사이가 좋아지자 소지왕은 자신감이 생겼어요.
"실죽 장군은 지난날 고구려에 빼앗긴 우리 성을
되찾아 오도록 하리."
실죽은 대동강을 넘어 청천강까지 올라가기는 했지만,
고구려군에 밀려 경상도에 있는 견아성까지
도망쳐야 했어요.

▲ 동쪽 일부를 제외하고는 모두 돌로 쌓은 우산성

소지왕이 깊은 시름에 잠겨 있을 때 반가운 소식이 들려왔어요.
"백제에서 실죽 장군을 돕기 위해 병사들을 보낸다고 하옵니다."
그런데 고구려군은 물러나는 길에 백제의 치양성을 공격했어요.
백제가 위험에 빠지자 소지왕은 가만히 있을 수 없었지요.
"백제는 우리에게 형제와 같은 나라다. 더군다나 우리를 돕다가 그런 지경에 빠졌으니, 장군 덕지는 군사들을 데리고 치양성으로 가라."
덕지는 곧바로 치양성으로 달려가 고구려군의 뒤를 공격했어요.
신라와 백제의 연합군은 앞뒤로 밀어붙여 고구려군을 크게 물리쳤어요.
이런 일이 있은 지 얼마 뒤에 가야에서 사신이 왔어요.
신라와 가야는 본디 사이가 좋지 않았지만, 신라의 힘을 확인한 가야가 먼저 손을 내민 거였어요.
하지만 신라와 백제의 연합군도 계속 이길 수는 없었어요.
고구려군은 497년 8월에 신라에 쳐들어와 우산성을 빼앗았고, 500년 3월에는 왜군까지 장봉진을 점령했어요.

끊임없는 사건과 백성들의 원망에 시달리던 소지왕은
여인에게 마음을 기대기 시작했어요.
그 상대는 신라 최고의 미인이라고 불리는 벽화였어요.
소지왕은 벽화를 후궁으로 삼았어요.
그러나 벽화가 후궁이 된 지 두 달 만에 소지왕은
세상을 떠나고 말았어요.
벽화는 나중에 지증왕에 이어 왕위에 오른
법흥왕의 후궁이 되었어요.

너와 함께라 행복하구나~.

저에게도 폐하뿐이옵니다.

신라의 모습을 다시 갖춘 지증왕

신라를 다시 세우다

지증왕은 눌지왕의 동생인 미사흔의 손자예요.
소지왕에게는 6촌 동생이었지요.
500년에 소지왕이 죽자 그 뒤를 이어 신라 제22대 왕이 되었어요.
소지왕에게는 아들이 없었기 때문에 64세였던 지증왕이
왕위를 잇게 된 거예요.
신라에서는 왕이 태자를 얻지 못했을 때 그 자리를 대신할
사람을 뽑아 '부군'이라는 지위를 주었어요.
지증왕은 오랜 시간 부군의 자리에 있었던 만큼 나라를 어떻게
이끌어 가야 할지 누구보다 많이 생각했어요.
그래서 왕위에 오르자마자 그동안 생각했던 것을 거침없이
실행에 옮겼어요.
"이제 우리 신라도 크게 성장해 나갈 때다. 많은 것을 고치고
새로 만들어야 하니, 모두 내 뜻을 잘 따르도록 하라."
어느 날, 지증왕은 깜짝 놀랄 만한 발표를 했어요.
"앞으로 순장을 금지하도록 한다.
이를 어길 때에는 큰 벌을 내릴 것이다."

순장이란 왕족이나 귀족이 죽었을 때 노비를 산 채로 함께 묻는 풍습을 말해요.
당시 귀족들은 노비를 재산으로 여기고 더 많은 노비를 순장하는 것으로 집안의 세력을 과시했어요.
'신라는 작은 나라다. 그러니 사람만큼 귀한 것도 없다. 그들이 열심히 농사를 짓고, 전쟁터에 나간다면 나라에 큰 도움이 될 텐데…….'
지증왕은 이런 생각을 굳히고 순장을 금지한 거예요.
지증왕의 예상대로 귀족들은 크게 반대하고 나섰지요.

정말 맘에 들지 않는 풍습이야!

불쌍해서 어쩐다….

"어찌 대대로 내려오는 전통을 무너뜨리려고 하십니까?
엄연히 신분의 높고 낮음이 있는데, 이를 무시하는 것입니까?"
"그렇습니다. 순장은 왕족과 귀족의 권위를 세우는 일입니다."
왕족과 귀족은 매일 지증왕을 찾아와 순장을 금지시키는 일에
반대했어요.
하지만 지증왕은 꿈쩍도 하지 않았어요.
"노비도 사람이다. 왜 산 사람을 죽은 사람과 함께
무덤에 넣는단 말이냐. 나라를 이끌어 가야 할
왕족과 귀족이 나라를 일으켜 세울 생각은 하지 않고
신분의 귀천만 따지고 있으니 답답하구나.
앞으로 순장 금지를 반대하는 자가 있으면 절대로 가만두지 않을 것이다."
이렇게 해서 신라에서 순장이 사라지게 되었어요.
또 나라의 힘을 키우는 데에는 농사가 중요하다고 생각했어요.
"모든 신하와 지방의 귀족은 백성들이 농사를 짓는 데 어려움이
없도록 아낌없이 도와주도록 하라."
그래서 곡식을 더 많이 거두어들일 수 있는 방법을 찾기 시작했지요.
'백성들이 농사일을 하는 걸 보니 땅을 일구는 데 힘이 많이
드는 듯했어. 그 일을 짐승에게 시켜 보면 어떨까?'
지증왕은 소를 써서 밭을 가는 방법을 전국에 알렸어요.

지증왕은 신라의 품위를 높이는 일에도 관심을 쏟았어요.
"앞으로 우리나라를 '신라'로 부르도록 하라."
이때까지 신라의 이름은 서라벌, 신로, 사라 등 여러 가지로 불리고 있었어요.
그러다 보니 다른 나라와 외교 관계를 맺을 때에도 불편한 점이 많았어요.

곡식을 많이 거둔 지방에는 상을 내릴 거래.

오랜 세월 왕위에 오를 준비를 해서 그런가, 남다르네.

지증왕은 나라 안을 정비하는 일에도 힘썼어요.

"앞으로 마립간 대신에 '왕'이라는 호칭을 쓰도록 하라."

신라는 나라를 다스리는 임금을 거서간, 이사금, 마립간 등으로 불러왔어요. 이 이름들은 나라가 생기기 전부터 마을의 족장을 부르던 말이었어요. 반면에 '왕'은 한자어로 동아시아 여러 나라에서 널리 쓰이는 말이었지요.

지증왕은 동아시아 다른 나라의 왕들과 어깨를 나란히 하고 싶었어요. 그래서 나라 이름과 임금의 호칭도 한자어로 모두 바꾼 거였지요.

지증왕은 다른 제도를 정비하는 데에도 힘썼어요.

"나라의 제도가 바로 서야 살림살이도 풍족해지고 백성들이 편안히 살 수 있게 된다. 그러려면 어떤 제도를 바꾸어야 할지 말해 보아라."

신하들이 대답했어요.

"우리 신라는 부족마다 풍습이 다르기 때문에 장례를 제각각 치르고 있습니다. 그러니 장례 치르는 기준을 마련하면 좋을 듯합니다."
지증왕은 고개를 끄덕였어요.
"신라의 땅이 넓어져 왕실의 힘이 미치지 못하는 곳이 많습니다. 신라가 힘을 키우기 위해서는 지방을 잘 관리하는 것이 무엇보다 중요합니다."
지증왕의 생각도 같았어요.
"전국을 주와 군으로 나누고, 군마다 신하를 보내어 내 뜻에 따라 다스리도록 하라."
이것으로 보아 지증왕 때 왕의 힘이 나라 구석구석에까지 미치게 되었다는 것을 알 수 있어요.

왕실의 힘이 지방까지 뻗칠 수 있도록 힘쓰라.

한편 지증왕은 항구나 나루터를 오가는 배를 관리하는 제도를
만들었어요. 신라는 바다로 둘러싸여 있어 고기를 잡거나 무역을 하는
배가 많이 오갔어요. 그러다 보니 여기저기 시장도 많이 생겨났어요.
또 상업에도 관심이 많아 다른 나라와의 무역도 활발해졌어요.
지증왕은 실질적이고 구체적인 계획을 통해 나라에 이득을 가져오는
일에 힘을 쏟았어요. 지증왕은 신하들이 잘 따르고 백성들이
우러러보는 가운데 왕의 권위를 제대로 세워 나갈 수 있었어요.

이사부, 우산국을 정벌하다

지증왕은 영토를 넓히는 일도 게을리하지 않았어요. 왕위에 오른 지 15년이 되던 해였어요. 지증왕은 아시촌이라는 곳에 백성들을 보내 살게 했어요. 아시촌은 지금의 경상남도 함안 지역으로, 아라가야에 속한 땅이었지요.

▲ 우산국으로 불리던 울릉도

임나라고 불리기도 했는데, 488년에 백제의 동성왕이 이곳을 강제로 차지했어요. 이 일로 백제와 가야는 갈라시게 되었이요.

"이제까지 백제는 가야와 친하게 지냈는데 배신을 하다니. 앞으로는 우리가 가야를 지켜 주겠소."

신라는 백제로부터 임나를 지켜 주는 척하면서 그곳을 다스리기 시작했어요. 임나 땅에 가야 사람보다도 신라 사람이 많아지자, 임나는 이름만 가야 땅이지 신라의 영토가 되었답니다.

또 지증왕은 우산국을 차지하려고 했어요. 하지만 우산국은 신라의 말을 듣지 않았어요.

지증왕은 하슬라 군주였던 이사부를 시켜 우산국을 정벌토록 했어요. 하슬라는 지금의 강릉인데, 강릉과 울릉도는 가까운 거리였기 때문에 이사부는 우산국 사정에 밝았어요.
"우산국같이 작은 나라가 감히 우리 신라에 대든단 말이냐. 어떻게든 우산국을 빼앗아 신라 땅으로 만들어야겠다."

하지만 우산국을 차지하는 건 만만치 않은 일이었어요.
우산국 사람들이 무척 용맹할 뿐만 아니라, 우산국 앞바다에는 바위섬이
많아서 자칫 잘못하면 배가 부서질 수도 있기 때문이에요.
부하들이 이사부를 말렸어요.
"나 또한 잘 알고 있다. 정면으로 치기 어렵다면 꾀를 쓰면 될 일.
나무로 사나운 짐승 모양을 만들도록 하라. 그들이 보고 겁을
먹을 정도로 아주 크고 무시무시해야 하느니라."
이사부는 사자 모양을 잔뜩 만들어 배에 싣고 우산국으로 향했어요.
우산국에서 어렴풋이 보일 만한 위치에 다다른 이사부는 나무로 만든
사자들을 가리키며 큰소리로 말했어요.
"이것들이 보이느냐? 너희가 만약 항복하지 않는다면,
이 맹수들을 풀어 너희를 모조리 잡아먹게 할 것이다."
우산국 사람들은 난생처음 보는 맹수의 모습에 무릎을 꿇고 말았어요.
이로써 이사부는 오랫동안 눈엣가시였던 우산국을 항복시키고
신라의 영토를 바다 건너까지 넓힐 수 있었어요.

저… 저게 뭐지?

당장이라도 우릴 집어삼킬 것 같군.

불교를 나라의 종교로 세운 법흥왕

법흥왕, 황제가 되다

법흥왕은 지증왕의 맏아들로, 키가 7척에 이를 정도로
매우 컸다고 해요. 큰 체격만큼이나 마음도 넓어서 신하들은
물론 백성들도 그를 매우 따랐지요.
법흥왕은 514년 7월에 지증왕이 죽자 그 뒤를 이었어요.
사실 소지왕 시절부터 이미 왕위를 잇기로 결정되어 있어서
지증왕만큼이나 왕이 되기 위한 준비 기간이 길었지요.
법흥왕은 지증왕 시절부터 적극적으로 나랏일에 참여했어요.
지증왕이 신라의 제도를 바로 세우기 위해 노력할 때에도
옆에서 큰 역할을 했어요.
왕위에 오른 후에는 지증왕의 뜻을 이어받아 신라의 제도를
고치는 데 많은 노력을 기울였어요.
또한 나랏일에 대한 질서를 바로잡는 데에도 신경을 썼지요.
당시에는 문관과 무관이 맡은 일이 잘 구분되지 않아
나랏일을 보는 관리가 군사에 관한 업무도 같이 맡아보았어요.
그러다 보니 전문성이 떨어지고 군사 관리도 효율적이지 못했지요.
그래서 법흥왕은 군사 일만 맡아보는 병부를 따로 만들었어요.

법흥왕은 상대등이라는 벼슬도 새로 만들었어요.
상대등은 오늘날의 국무총리나 수상처럼 나랏일을 책임지는
으뜸 벼슬이었어요.
이때까지 신라는 부족 사회의 전통이 남아 있어 귀족들이
큰 힘을 가지고 있었어요.
그런 귀족 세력에게 상대등이라는 벼슬을 주어 왕의
편으로 끌어들이려고 생각한 거예요.

▲ 금관가야의 대표적인 화로 모양 토기

또 법흥왕은 가야를 차지하기로 마음먹었어요.
"가야는 한때 강한 힘을 자랑했다.
그런데 지금은 그 힘이 많이 약해졌다.
지금 상황이라면 우리가 가야를 무릎 꿇릴 수도
있을 것 같은데, 어떻게 생각하는가?"
신하들의 생각도 법흥왕과 같았어요.
"맞습니다. 지금 가야는 군사적으로는 많이 약해졌지만,
경제적으로는 어느 때보다 부유합니다.
가야를 차지한다면 우리 살림도 풍족해질 것입니다."
"가야를 발판으로 서쪽으로 더 뻗어 나간다면 백제도 우리를
두려워하게 될 것입니다."
법흥왕은 고개를 끄덕였어요.
"가야를 치자면 그쪽 사정을 잘 알아보아야 할 것이다."
신하들은 기다렸다는 듯이 대답했어요.

가야를 차지하면 법흥왕의 공이 아주 커지지.

결국 왕의 힘을 키우기 위해서군.

"지난날 백제의 동성왕이 아라가야의 임나를 빼앗지 않았습니까?
다행히 지금은 그곳에 우리 백성들이 옮겨 가 살고 있기 때문에
그 땅은 이미 우리 것이나 다름없습니다."
하지만 법흥왕은 마음에 걸리는 것이 있었어요.
"하지만 백제가 버티고 있는 것이 걱정스럽구나.
또한 전쟁을 치르지 않고 가야를 차지할 방법은 없겠느냐?"
"가야의 왕족을 귀족으로 대우해 주겠다고 약속한다면,
그들도 우리와 싸우려 들지 않을 것입니다."
그제야 법흥왕의 얼굴이 밝아졌어요.
"그래, 그 방법이 가장 좋겠다.
가야의 왕족을 어떻게 설득할지
방법을 말해 보라."
"나라 간에 약속을 하는 방법으로
가장 손쉬운 것은 혼인일 듯합니다."
이렇게 해서 법흥왕은 이찬 벼슬에 있는
비조부의 누이를 가야의 왕에게
시집보냈어요.
가야는 백제와 힘겨루기를 하고 있던
터라 혼인을 통해 신라와의 관계가
두터워지는 것을 매우 반겼답니다.

524년 9월에 법흥왕은 가야를 방문했어요.
가야의 구형왕은 법흥왕을 극진하게 대접했어요.
"이리 환영해 주시니 고맙기 그지없소이다."
법흥왕의 말에 구형왕이 손사래를 쳤어요.
"아닙니다. 그리 생각 마시고 편안히 즐기십시오."

잠시 뜸을 들이던 법흥왕이 목소리를 가다듬어 말을 이었어요.
"우리 두 나라는 매우 가까이 있습니다.
게다가 혼인 관계까지 맺었으니 이제 우리 두 나라가
합치는 게 어떻겠습니까?"
구형왕의 얼굴에서 웃음이 사라졌어요.
법흥왕은 한껏 부드러운 목소리로 달래듯 말했어요.
"가야의 왕족은 우리 신라에서 가장 귀한 대접을 받게 될 것이오.
또한 금관가야의 땅을 그대에게 주도록 하겠소.
그대와 왕족들은 예전보다 풍족하게 살 것이고, 가야 백성들은
전쟁의 공포에서 벗어날 수 있을 것이오."
가야의 입장에서도 신라의 제안이 나쁘지만은 않았어요.
가야는 이미 실질적으로 신라의 땅이나 마찬가지였으니,
자신들의 지위만 보장된다면 오히려 나라를 합치는 게 더 이로웠지요.
이렇게 해서 가야의 구형왕은 왕족을 모두 이끌고 532년에
신라에 항복했어요. 가야의 500년 역사가 끝난 거예요.
금관가야를 손에 넣은 법흥왕은 스스로를 '황제'라고 부르며
연호를 선포했어요.
연호는 강대국의 황제만이 붙일 수 있는 것으로,
536년이 건원 원년이 되었답니다.

이차돈, 불교를 위해 목숨을 바치다

법흥왕은 '법을 흥하게 한 왕'이라는 뜻이에요.
불법, 즉 불교를 들여왔기 때문에 그런 이름을 갖게 되었어요.
법흥왕은 신라에 불교를 들여오고 싶었어요. 하지만 신라 귀족들과
백성들은 이미 오랜 전통이 있는 '선도'라는 종교를 믿고 있었어요.
워낙 뿌리 깊은 종교였기 때문에 불교가 파고들 틈이 없었지요.
신라에 불교가 처음 전해진 것은 눌지왕 때 묵호자라는 사람에
의해서였어요. 묵호자는 인도 사람으로, 불교를 전하기 위해
인도에서 신라까지 건너온 것으로 보여요.
당시 신라는 불교를 금지하고 있었어요.
묵호자는 지금의 경상북도 선산인 일선 지방에 숨어 지냈어요.
그곳에 사는 모례가 자기 집 우물 안에 묵호자를 숨겨 주었어요.

▲ 묵호자가 머물렀다는 우물

묵호자라는 이름은 '검은 오랑캐 사람'이라는 뜻이야.

묵호자가 신라 백성들의 관심을 끈 것은 중국에서 들여온 향 때문이었어요.

신라에는 향이 무엇에 쓰는 물건인지 아는 사람이 없었는데,

묵호자가 사용 방법을 알려 줘 눌지왕의 마음을 끈 거예요.

이때 신라의 공주가 병에 걸렸어요.

의원들이 아무리 매달려도 낫지 않자, 눌지왕은 묵호자를 불렀어요.

"네가 향으로 공주의 병을 한번 고쳐 보아라."

묵호자는 공주의 방에 향을 피우고 옆에서 계속 염불을 외웠어요.

얼마 지나지 않아 공주의 병이 씻은 듯이 나았어요.

이렇게 묵호자에 의해 신라에 불교가 들어왔지만,

많은 사람이 믿지는 않았어요.

몸과 마음을 비우면 부처님을 모실 수 있습니다.

법흥왕도 불교에 관심이 많았어요.

법흥왕의 관심을 끈 것은 바로 '부처'라는 존재였어요.

신라의 전통 종교인 선도에는 특별한 신이 없었어요.

하지만 불교는 부처를 내세워 사람들을 하나로 모으고 있었지요.

법흥왕은 왕이 나라를 이끄는 것과, 부처가 불교를 이끄는 것이

비슷하다고 생각했어요. 그래서 불교를 통치에 이용하고 싶었지요.

하지만 귀족들은 법흥왕과 생각이 달랐어요.

귀족들은 왕의 힘이 커지는 것을 원하지 않았거든요.

법흥왕이 고민하는 모습을 곁에서 지켜보던 이차돈이 말했어요.

"폐하, 제 목을 베어 귀족들을 설득하십시오."

법흥왕은 부처를 섬기면 부처가 나라를 지켜 준다고 생각한 건가?

법흥왕은 깜짝 놀라며 물었어요.

"내가 왜 그대의 목을 벤단 말인가?"

"귀족들은 불교를 원하지 않고 있습니다.

그러니 제가 불교를 받아들이자고 앞장서면

그들은 저를 죽이려 들 것입니다.

제 죽음으로 신라가 부처님을 모실 수

있게 된다면 그보다 기쁜 일이 어디

있겠습니까?"

법흥왕은 이차돈의 말을 딱 잘라

거절했어요.

하지만 이차돈도 고집을 꺾지 않았어요.

"폐하, 불교를 받아들여야 우리 신라가 번성할 수 있습니다. 제 희생으로 신라가 크게 일어선다면 그것 또한 신하된 자의 기쁨입니다."

이차돈의 거듭된 설득에 법흥왕은 감동을 받았어요.

"그대가 그토록 큰 뜻을 펼치고 싶다면 그리하도록 허락하마."

법흥왕은 눈가에 맺힌 눈물을 닦고 신하들을 불러 모았어요.

"지금 천하의 모든 나라가 부처님을 모시고 있다. 그래서 우리 신라에도 불교를 들여오려고 하는데, 그대들의 생각은 어떠한가?"

이차돈의 예상대로 신하들은 펄쩍 뛰며 반대했어요.

"우리는 대대로 선도를 받들어 왔습니다. 자칫 다른 종교를 받아들였다가 하늘이 노하면 어쩌려고 그러십니까?"

▲ 이차돈의 영정

이차돈이 죽으면 불교를 받아들일까?

이때 왕의 곁에 있던 이차돈이 입을 열었어요.
"폐하, 불교의 가르침은 깊고 오묘합니다.
저들은 이 사실을 잘 모르고 떠들어 대는 것입니다."
신하들은 버럭 소리를 질렀어요.
"어린놈이 못하는 말이 없구나. 무슨 헛소리를 늘어놓는 것이냐?
폐하, 분명 무슨 꿍꿍이가 있을 것입니다.
훗날 화를 막기 위해서라도 저자의 목을 베십시오."
"폐하, 저자는 이상한 말로 백성들의 정신을 흐리고 있습니다."
신하들이 이차돈의 목을 베라고 아우성을 치자 법흥왕은
애써 고이는 눈물을 삼키며 명령했어요.
**"여봐라, 어서 이차돈을 끌고 가서
그의 목을 베어라."**

제 역할을 다할 수 있어
영광이옵니다, 폐하….

병사들에게 이끌려 처형장으로 가던 이차돈은 주변에 있는
신하들에게 이렇게 예언했어요.
"내가 죽고 나면 무엇인가 이상한 일이 벌어질 것입니다.
그 일을 보게 되면 부디 불교를 받아들여 주십시오."
말도 안 되는 소리라고 생각한 신하들은
서둘러 이차돈의 목을 치게 했어요.
그런데 이차돈의 목이 땅에 떨어지자
정말 이상한 일이 벌어졌어요.

설마~ 무슨 일이 있을라고?

내가 죽은 뒤 이상한 일이 벌어질 것이다.

목을 벤 자리에서 하얀색의 피가 하늘로 솟구쳐 올랐고,
갑자기 사방이 어두워지면서 구름이 몰려오더니 빗방울이
후두둑 떨어지기 시작했어요.
이 일이 있은 뒤 반대하던 신하들도 잠잠해졌어요.
이차돈의 예언대로 이상한 일이 일어나자 모두
두려웠던 것이지요.
법흥왕은 이제 마음껏 백성들에게 불교를 전했어요.
불교는 조금씩 귀족과 백성들 사이에 퍼져 나갔지요.
불교 왕국 신라는 이렇게 시작되었답니다.
신라의 불교는 단순하게 부처의 가르침을 따르는
것이 아니라, 나라를 지키고 백성들을 이끌며
왕실을 보호하는 종교였어요.
신라의 왕실은 불교를 통해 더욱 강력한 힘으로
나라를 다스릴 수 있게 되었어요.

▲ 이차돈의 모습이 새겨진 이차돈 순교비

찬란하게 꽃피운 불교문화

우리나라에는 유난히 많은 절과 탑이 있어요. 이는 불교가 천 년 가까이 국교였기 때문이에요. 불교는 삼국 시대에 전파되어 우리 문화에 큰 영향을 끼쳤어요. 법흥왕 때 국교로 인정받은 이후 신라에서 찬란한 불교문화를 꽃피웠어요.

🌸 신라에 불교가 어떻게 들어왔을까?

신라가 불교를 받아들인 데에는 승려인 이차돈의 힘이 컸어요. 이차돈은 일찍부터 불교를 믿고 따랐어요. 불교를 받아들이려는 법흥왕이 귀족들의 반대에 부딪치자 자신을 희생함으로써 불교를 받아들이게 하려고 했지요. 이차돈은 자신의 목을 베서 하얀색 피가 나오면 부처가 있는 것이니 불교를 믿어 달라고 했어요. 정말 그의 목을 베자 하얀색 피가 솟구쳤고 사람들은 부처의 존재를 믿게 되었어요. 그로 말미암아 신라에서는 불교를 국교로 삼게 되었답니다.

🌸 자고 일어나면 생기는 크고 작은 절들

불교는 신라 왕실의 보호를 받으며 빠르게 퍼져 나갔어요. 일반 백성들도 불교를 믿기 시작했지요. 신라 왕실에서는 자신들의 권위를 높이기 위해 큰 절을 짓고 탑이나 불상을 만들었어요. 절의 크기와 규모도 점점 커졌어요. 진흥왕 때부터 짓기 시작한 황룡사는 요즘의 10층 빌딩 높이만큼 웅장했어요. 그 밖에 5미터가 넘는 불상도 제작되었고, 불상을 만드는 재료도 호화로워져서 금불상도 많이 제작되었답니다.

▲ 황룡사 복원 추정 모형

🌸 불상도 시대에 따라 달랐을까?

처음에 만들어진 불상은 대체로 표정이 없었어요. 그러다가 점점 표정이 풍부해지고 불상을 만드는 기술도 발달했어요. 평면적이었던 불상은 입체감을 띠게 되고 부처의 옷인 법의도 자연스러워졌어요. 6세기 중엽 이후 만들어진 국보 제78호 금동 미륵보살 반가상은 신라의 가장 대표적인 불상으로, 당시 신라의 금동 불상이 예술적으로나 기술적으로 많이 발전했음을 보여 주지요.

신체의 비례가 균형을 이루고 세부 묘사가 구체적이며, 늘어진 천이 자연스럽게 표현된 것으로 보아 불상이 점차 균형 잡힌 형태로 바뀌어 갔다는 것을 알 수 있어요. 삼국 시대 후기의 미륵보살상에서도 정교하고 분명하게 조각된 눈·코·입을 볼 수 있답니다.

▲ 국보 제78호인 금동 미륵보살 반가상 (6세기 중엽 이후)

▲ 국보 제83호인 금동 미륵보살 반가상 (삼국 시대 후기)

한국사 돋보기 — 삼국 시대부터 우유를 마셨다고?

일본에서 발견된 〈신찬성씨록〉이란 책에 보면 백제 사람인 복상이 우유 짜는 법을 알려 주었다는 내용이 있어요. 〈삼국유사〉에는 신라 시대에 경주 포석정에서 왕족들이 술을 마시기 전 칡가루와 우유를 섞어서 묽게 쑨 죽을 먹었다는 기록도 있어요. 당시 우유는 오늘날의 우유와는 달랐어요. 지금처럼 젖소에서 짠 게 아니라 농사일을 시키기 위해 기르던 암소의 젖을 짜서 얻었다고 해요. 또 생우유가 아닌 치즈와 비슷한 형태로 만들어 물에 타 먹었답니다.

양이 많지 않아서 왕이나 귀족들만 마실 수 있었대.

쏙쏙! 한국사 상식

또 하나의 고대 왕국, 가야

가야는 고구려, 백제, 신라의 힘에 눌려 고대 국가로 발전하지 못했지만 엄연히 왕국이었어요. 철기 다루는 법이 뛰어났던 가야는 바다를 잘 활용해 문화, 경제 강국으로 이름을 떨쳤어요. 가야는 금관가야를 중심으로 주변의 작은 나라 10여 개가 동맹을 맺어 협력하는 연맹체였어요. 다른 나라와 전쟁이 나거나 무역을 할 때만 힘을 모으고 평상시에는 독자적으로 행동했어요.

🌸 철로 일어서다

한나라의 공격으로 쫓겨난 고조선 사람들은 남쪽으로 내려왔어요. 그리고 지금의 김해 지역에 '변한'이라는 작은 나라를 세웠지요. 이들은 그곳 사람들에게 철 다루는 법을 가르쳐 주었어요. 변한 땅은 질 좋은 철이 나는 철광산이 많았는데, 거기에 철 다루는 기술이 합해져 최고의 철제품을 만들어 냈지요. 변한의 철제품은 입소문이 나서 수출까지 하게 되었고, 무역을 맡아 할 대표자가 필요하게 되었어요. 변한의 여러 나라 중에서 금관가야가 대표가 되면서 변한은 점차 '가야'로 불리게 되었어요.

▲ 김해 말머리 가리개   ▲ 김해 판갑옷

🌸 바다를 주름잡은 해상 강국

가야 사람들은 바다를 잘 활용했어요. 가야는 바로 앞에 펼쳐진 바다를 통해 일찍부터 다른 나라와 무역을 했어요. 중국 대륙은 물론 일본과도 교류했지요. 특히 가야의 철제품을 사기 위해 많은 나라에서 앞다투어 가야로 왔답니다.

가야는 신라와 백제 사이에 끼어 있는 조그마한 나라였어.

한눈에 보는 연표

우리나라 역사

세계 역사

470

476 ← 서로마 제국 멸망

제21대 소지왕 즉위 → 479
고구려, 말갈 침입 → 481
(백제, 가야와 물리침) 486 ← 프랑크 왕국 건국

법흥왕 때 짓기 시작해 진흥왕 5년에 마무리됐어.

▲ 클로비스 1세

메로빙거 왕조를 열었지.

490

496 ← 클로비스 1세, 가톨릭 개종
500 ← 힌두교 창시

소를 이용한 농사법 실시, → 502
순장 금지
국호를 신라로 개정, → 503
왕호를 왕으로 함

흥륜사 기와
법흥왕은 이차돈의 순교를 계기로 신라 최초의 불교 사찰인 흥륜사를 짓기 시작했어요.

510

이사부, 우산국 정복 → 512
524 ← 페르시아, 동로마와 전쟁
이차돈의 순교로 불교 공인 → 527
529 ← 유스티니아누스 법전 편찬, 몬테카시노 수도원 창설

몬테카시노 수도원
유럽 수도원의 기준이 되는 형태로 중용과 공동생활을 내세웠어요.
이탈리아 몬테카시노 산에 있으며, 제2차 세계 대전 때 연합군의 폭격으로 파손된 후 다시 지어졌어요.

530

상대등 설치 → 531
금관가야 병합 → 532

▲ 가야 시대에 만들어진 철제 갑옷

크리스트교 학문의 중심지야.